www.tredition.de

AF204207

Andrea Imfeld-Klapp

Warum ist keiner zu Hause?

www.tredition.de

© 2019 Andrea Imfeld-Klapp
Korrektorat: Detlef Klapp
Cover-Illustration: Lavinia Klapp

Verlag und Druck: tredition GmbH, Hamburg

ISBN
Paperback: 978-3-7482-1727-5
Hardcover: 978-3-7482-1728-2
e-Book: 978-3-7482-1729-9

Warum ist keiner zu Hause?

Ein kleines Buch über die ewige Suche, und das Wissen, dass „Nichts" sich selbst erfüllt.

Es ist nur eine Geschichte und, ja, was sonst? Es ist noch nicht einmal „meine" Geschichte. Es hat keine Tiefe und keine Wirklichkeit. Es ist nur eine Geschichte. Was macht eine Geschichte aus? Ist sie real, oder nur eine Vorstellung? Das ist doch die Frage. Der Titel erinnert mich an den Film (vielleicht kennt ihn der ein oder andere): „Kevin allein zu Haus." Aber eben nur eine Geschichte. So sind letzten Endes alle Geschichten reinste Märchenstunden. Sie sind nicht real, können aber so wirken.

Der Beginn

Diese Geschichte beginnt mit der ersten bewussten Erinnerung. Vielleicht mit eineinhalb oder zwei Jahren, keine Ahnung. Ich wollte bei Mama sein, auf ihrem Arm. Sie nahm mich hoch und irgendwie war es klar, dass sie mich in ihrem Arm hält. Jedoch landete ich sitzend auf der Waschmaschine, da sie gerade den Waschkeller wischte und sehr beschäftigt war. Was um Himmelswillen kein Vorwurf sein soll! Da ich selbst innerhalb dieser Geschichte Mutter von zwei Kindern bin, kann ich das sehr gut nachvollziehen. Man muss halt mit seinem selbst auferlegten Pensum fertig werden. Ist ja schließlich kein Ponyhof, das Mutterdasein.

Als Kind war ich eher das „liebe Kind", meine Schwester eher nicht. Jedoch wechselten wir die Rollen. So ab der Pubertät war das dann genau anders herum. Ich die „Freche, Aufmüpfige" und sie die „Angepasste". Meine Mutter war, wie alle Mütter, teils überfordert. Jedoch konnte ich als Kind Disharmonie schlecht ertragen. In meiner Erinnerung litt ich mehr als meine Schwester, wenn diese mal bestraft wurde. Ich wuchs mit christlichen Idealen auf, verstand allerdings gar nichts. Beziehungsweise welche „Sünden" wir begangen haben sollten. Hab´ ich nie verstanden. Ich habe versucht, lieb zu sein. So lieb, wie man es von mir erwartet hatte. Was sollte ich denn da beichten?

Mit sechs Jahren habe ich ein Buch über mein Sternzeichen geschenkt bekommen. Da stand so viel Spannendes. In dieser Geschichte bin ich „Fische", super interessant. Ich war fasziniert über den Teil in mir, den ich ja noch gar nicht kannte. In frühester Kindheit, nach einem Streit mit meiner Mutter, wollte ich zu meiner anderen Mutter gehen. (Da mein Vater schon einmal verheiratet war, lag es nah, dass ich diese Mutter meinte.) Jedoch glaube ich heute, dass ich schon früh „nach Hause" wollte.

Ich fühlte mich nie richtig zu Hause! Ich bin wohlbehütet aufgewachsen, keine Frage, aber das ist alles innerhalb der Geschichte. Eine Geschichte, ist eben eine Geschichte. Sie ist nicht real.

Meine Mutter war lange Zeit alles für mich. Ich habe sie sehr vergöttert. Bis mein Bruder auf die

Welt kam, war ich ja die Kleine. Dann plötzlich nicht mehr. Hab´ ich auch nie verstanden.

Eigentlich war dieses ganze Unverständnis ein Segen…

Dann kam auch noch die Schulzeit. Was soll das alles? Wieso muss man das alles wissen? Was hat das mit „Menschsein" zu tun? Auch das hab´ ich nie verstanden.

Aber gut, man muss ja irgendwie dadurch. Innerhalb dieser Geschichte habe ich mich manchmal gequält und hin und wieder, wo es möglich war, auch durchgepfuscht. Gruselig…! Und mit zwei Kindern macht man das Ganze dann nochmal durch und sagt den Kids die gleichen Sätze, die man selbst immer gehört hat. Aber so scheint es nun mal zu sein.

Irgendwie ein schlechter Film, ist mir schon früh aufgefallen. Eine Endlosschleife…und wieder nicht zu verstehen!

Als Kind fühlte sich das Leben leicht an: Keine Sorgen, keine Pflichten, keine große Leistung bringen. Den Moment leben, spielend versunken, zeitlos. Jedoch bis Weihnachten dauerte es gefühlt eine Ewigkeit.

Meine Mutter sagte immer „Spielen ist die Arbeit der Kinder". Hab´ ich nie verstanden. Vielleicht war meine Vorstellung von Arbeit auch zu negativ besetzt. Früh kam auch der Gedanke auf, wieso erinnert sich eigentlich keiner an sein Babydasein? Oder an die Zeit, bevor man geglaubt hat „Jemand" zu sein? Hab´ ich auch nie verstanden...

Irgendwie kann das doch nicht alles sein: Kind, Jugendlicher, Erwachsener, Arbeiten gehen, Verantwortung übernehmen, Leistung erbringen, konsumieren, Ferienzeit, Familie und das war dann „meine Geschichte"? Hä?! Völliges Unverständnis!

Ich möchte allerdings niemanden mit dieser scheinbaren Biographie langweilen. Sie tut nichts zur Sache. Ich fand das ganze Geschwafel auch immer sehr ermüdend, in den vielen Büchern, die ich gelesen habe, bis es endlich mal um das Wesentliche ging. Naja, aber wir haben ja gelernt, jede Geschichte braucht eine Einleitung.

Die Gründe...

Warum ich überhaupt schreibe? Keine Ahnung. Es will einfach getan werden. Es ist wie beim „Niesen": Man kann es nicht unterdrücken. Man spürt einfach, dass es raus muss.

Einen Sinn hat das Ganze natürlich nicht. Was gelebt werden will, lebt sich einfach. Es gibt unendlich viele Möglichkeiten, wie das Leben sich ausdrückt. Hier zu sitzen und zu schreiben ist nur eine davon und diese will scheinbar **jetzt** genutzt werden.

Das Meer

Zurück zur Geschichte. In dieser Geschichte gab es dieses Gefühl allerdings schon früher.

Da gab es mal eine kreative Phase. So, wie hier jetzt das Schreiben empfunden wird, wurde damals durch diesen Körper gemalt. Ganze drei Bilder! Stundenlang, wie besessen. Danach war es wieder vorbei..., na ja, um das Ganze zu beschreiben.

Die Bilder sind ganz schön geworden und beschreiben aus drei unterschiedlichen Perspektiven das Meer. Das Meer hatte schon immer eine unglaublich magische Anziehungskraft auf mich.

Zurück zum Malen. Ich weiß nicht mehr, wie diese Bilder zustande kamen, aber ich kann nicht behaupten, dass ich sie im herkömmlichen Sinne gemalt hätte. Es ist einfach passiert. Ich kann eigentlich gar nicht malen. Nach außen macht das natürlich den Eindruck, als ob ich mein Licht unter den Scheffel stellen wollte. Aber ich meine es so, wie ich es sage. Dieses „Ich" kann gar nichts.

Da gab es noch etwas anderes wie ich dachte, dieses „Etwas" hat mir durch die Bilder, die ich angeblich gemalt habe, eine verschlüsselte Botschaft mitgeliefert. In diesem Fall: „Das Meer", so meine Interpretation. Musste doch irgendwas bedeuten! Alles natürlich innerhalb der Geschichte versteht sich. Tatsächlich war dieses Gefühl der Motor, dem Ganzen nach zu gehen. Warum nur hat mich das Meer so fasziniert? Es musste sogar gemalt werden. Da lag es doch nahe, mal in einem Haus am Meer wohnen zu wollen. Ist ja auch eine schöne Vorstellung. Mit dieser Vorstellung bin ich bestimmt nicht allein.

Aber so trivial fühlte es sich nicht an. Es war viel tiefer. Die nächste Überlegung war dann, dass Fische ja im Meer schwimmen und sich dort zu Hause fühlen. Bei dem Sternzeichen mochte das durchaus logisch sein. Auch hier hatte ich mal wieder keine Ahnung. Jedoch war ich sicher, irgendwann zu wissen oder intuitiv zu spüren, was das logische Denken nie verstehen wird.

Die zwei Seiten

Dieses ganze mystische Zeug wie Sternzeichen, Handlesen, Tarotkarten legen, Kinesiologie, magische Steine, Gläserrücken etc., fand ich immer schon toll. Allerdings bin ich mir mittlerweile sicher, dass diese Faszination auf einen ganz profanen Nenner gebracht werden kann. Bei diesen Dingen hat der Verstand Pause. Vorausgesetzt man befasst sich nicht mit den dazugehörigen Konzepten. Da bekommt der Verstand natürlich genügend Futter und blüht so   richtig auf. Aber wo die Intuition gespürt wird, ist keine Logik vorhanden. Aber auch nur, wenn das dazugehörige scheinbare „Ichkonstrukt" nicht vorhanden ist, bzw. dann nicht auftaucht, kann das erkannt werden. Wahrscheinlich ein bisschen viel für den Verstand, der das hier liest. Aber keine Angst, wie gesagt: Das alles passiert innerhalb der Geschichte.

Im Alter von einundzwanzig Jahren hat mein Bruder sein Leben beendet. Da war es wieder. Wie soll man sowas je verstehen? Aber offensichtlich gab es für ihn nur zwei Seiten und er musste sich entscheiden.

Entscheidungen zu treffen, fand ich immer schon schwierig. Es hat mir immer schon Unbehagen bereitet, eine Seite zu verneinen. Wenn das Leben durch seine Umstände mir das Gefühl gab, keine Wahl zu haben, fühlte sich das meistens leichter an. Wenn das Leben allerdings in meine damaligen Pläne pfuschte, gab es eine lange Zeit großen Widerstand, der selbstverständlich auch zu nichts führte. Aber das dadurch selbstverursachte Leid war dramatischer.

„Bestellungen beim Universum" und wie denke ich „richtig", um mir meine Wünsche zu erfüllen, haben mich lange Zeit begleitet. Auch die Vorstellung, wer krank ist denkt falsch oder zu negativ, war für mich ein unumstößliches Gesetz. Was für ein Irrsinn...!

Es funktioniert ja auch und lässt jedem erfüllten Wunsch einen neuen folgen. Lange Zeit war das für mich die scheinbar gesuchte Wahrheit. Ich habe mir mein zweites Kind und mein Traumhaus visualisiert. Jedoch ist dies ein Trugschluss, der die Egostruktur am Laufen hält. Den Wunsch nach Hause zu kommen, hat er nicht erfüllt. Innerhalb dieser Geschichte war es jedoch unumgänglich.

Das „Masterkey-System" wurde hier fünf Jahre lang tagsüber und sogar nachts gehört. Im „Superlearning-Modus" versteht sich! Teilweise sogar auswendig gewusst! Auch wieder wie besessen musste das so passieren. Vollkommener Wahnsinn! Keine Ahnung....sollte wohl so sein.

Die Frage „Warum" flaute ein bisschen ab. Man hatte ja schließlich was zu tun und glaubte das ganze Zeug, funktionierte ja auch. In dieser materiellen Welt bist du deines Glückes Schmied und kannst alles erreichen, was du willst. Du musst es allerdings richtig machen. Da war es wieder: Wer richtig macht, bekommt falsch im Doppelpack dazu. Das wurde sogar gelehrt und widersprach sich gleichzeitig vollkommen. Dann verlor das Ganze seinen Reiz.

Komisch. Hätte nie gedacht, dass das Schreiben so viel Freude macht. Es muss einfach raus. Wenn Freude damit verbunden ist, kann man einfach nicht anders. Es ist ein Überfließen. Hier liegt eines der großen Geheimnisse. Wenn das „um zu..." wegfällt, ist die reine erfüllende Freude wieder erfahrbar. Die Freude, die wir als Kinder hatten, als wir ganz bei uns waren. Etwas jetzt zu tun, um dann später etwas davon zu haben, ist reine Fiktion. Aber genau das erzählen wir unseren Kindern. Ist ja so normal in unserer Gesellschaft. Will man „normal" sein oder glücklich? Das muss wohl jeder selbst mit sich ausmachen. Manch einer stellt sich diese Frage erst gar nicht. Das ist genau, so gut oder schlecht, wie alles andere auch. Wie kann gut und schlecht das Gleiche sein? Sind doch zwei Gegensätze, zwei Pole, oder? Es heißt doch auch „Gegensätze ziehen sich an". In Wirklichkeit sind es nur zwei Seiten ein und derselben Medaille.

Man kann nur Gesundheit schätzen, wenn man auch Krankheit kennt. Kein Tag ohne Nacht. Das ganze Leben besteht aus zwei Seiten, so scheint es. Ich weiß nicht, was es geben sollte ohne ein Gegenteil. Genau in diesem Umstand liegt das scheinbare Problem. Innerhalb dieser Geschichte habe ich mich oft „getrennt" gefühlt. Mit dem Empfinden separiert zu sein, sind automatisch die anderen als Gegenstück da.

Meine Oma hat mal gesagt: „Wenn ein Kind sich selbst im Spiegel erkennt, bekommt es Verstand". Ich empfand das früher als enorm wichtig, weil der Verstand uns ausmacht, wie ich dachte. „Ich denke, also bin ich". Sie hatte so viel Wahres gesagt, was man natürlich auch von einer anderen Seite betrachten könnte. Nur, wenn der Verstand einsetzt und die Oberhand gewinnt, ist es mit der Leichtigkeit vorbei!

Beides gehört zusammen und dies soll ja auch so sein. Woher ich das weiß? Na ja, sonst wäre es nicht so. Es ist bereits der Fall. Es gibt so viele Beispiele, wie „Genie und Wahnsinn liegen nah beieinander". Umsonst braucht man nicht Mann und Frau, um neues Leben zu zeugen. Die Annahme getrennt zu sein und sich auch so zu fühlen, was ich früher nie so hätte beschreiben können, erweckte in mir früh den Wunsch, "nach Hause" zu wollen.

Wie kann man zu Hause sein, wenn nahezu jeder, ob bewusst oder unbewusst, sein zu Hause in der Welt sucht? Dann besucht man sich gegenseitig in den Häusern, und diese sind leer. Die Liebe und Geborgenheit, die ich mit „zu Hause" verbinde, sind nicht bei den scheinbar anderen zu finden. Geben und Nehmen ist für mich reiner Handel. „Du machst mich glücklich, dann mach ich Dich glücklich. Ich bin für Dich da, dann bist Du für mich da. Sei lieb, dann gibt es was Schönes". Wenn es dann mal nicht so funktioniert, wird aus Liebe ganz schnell Hass und man probiert was Neues aus. Früher oder später flaut alles ab. Wir bekommen es ja im Doppelpack - Zwei für einen Preis! Das kann doch nicht „zu Hause" sein!

In dieser Geschichte war der Drang so groß, dass oftmals der Verstand den Kürzeren zog. Verstandesmäßige Einwände wurden oft mit explosionsartigen Gefühlswogen einfach weggefegt. Wenn sich der Sturm gelegt hatte, kamen Schuldgefühle auf. Danach wurde alles zerredet und ein fiktiver Sinn und Grund für den vorliegenden Scherbenhaufen gesehen. So wurde der Logik genüge getan.

Hier erscheint hin und wieder mal eine Erinnerung, wo es beispielsweise Probleme mit den Kindern gab. Nach dem die Kinder schon tief und fest schliefen, wurde noch stundenlang analysiert und diskutiert, über etwas, was schon längst vorbei war. Was für eine Energie- und Lebenszeitverschwendung! Aber auch nicht zu verhindern.

Alles passiert genau zu der Zeit, in der es passieren soll. Zur falschen Zeit am falschen Ort zu sein, ist lediglich eine herbeigezogene, scheinbare Erklärung für den Verstand, der nicht einsieht, keine Kontrolle zu haben. Wie auch? Das wurde uns ja schließlich so beigebracht. Ist doch seltsam: Wenn es draußen regnet, wir aber lieber Sonnenschein haben wollen, kann man dies noch so gerade akzeptieren. Nun ja, man könnte natürlich noch das Ganze Petrus in die Schuhe schieben. Aber das macht ja kaum jemand…

Der Schock

Nun gut. Das Thema Zeit war in dieser Geschichte ein Dreh- und Angelpunkt. Was eigentlich Jahrzehnte nie in Frage gestellt wurde,
wurde doch tatsächlich einmal, mit nur einem
einzigen Satz völlig auf den Kopf gestellt. Was ja
auch so ein Phänomen ist. Bei anderen erkennt
man sowas schonmal, aber bei sich selbst nie.
Man sieht vor lauter Bäumen den Wald nicht.
Wenn es dann auffällt, fällt es einem im wahrsten
Sinne des Wortes wie Schuppen von den Augen.

In dieser Geschichte passierte sowas bei einem
Schweigeretreat. Da bekommt man ja weder was
zu essen, noch darf man schlafen. Okay, ein bisschen übertrieben, aber das Ganze hatte schon etwas von Masochismus für den Verstand. Nach
unmenschlichem Schlafentzug musste hier am
nächsten Morgen sieben Stunden zum Heimat-
ort gefahren werden. So hatte ich im Voraus um
Erlaubnis gebeten, schlafen zu dürfen (man
nimmt das alles ja auch ernst). Unter Tränen fle-
hend wohl gemerkt... Als Antwort kam: „Na, das
ist doch nicht jetzt"! Von anfänglicher Fassungs-
losigkeit über totale Desillusionierung, war in

meiner Reaktion auf diese Antwort alles enthalten. Es konnte wie mit einem Hammerschlag, und dieser war gefühlt „real", gesehen werden, dass diese Bitte, die aus einer Zukunftspanik gestellt wurde, aber auch wirklich absolut nichts mit dem damaligen „Jetzt" zu tun hatte. Es wurde erkannt, dass dies nur eine Vorstellung in meinem Kopf war. Nachvollziehbar ja, real nein. Da wird tatsächlich eine Panik gedanklich erzeugt, obwohl sie noch gar nicht da ist. Was ist denn hier los?

Plötzlich wurde den Gedanken nicht mehr so einfach alles abgekauft, was da so gewohnheitsmäßig auftauchte. Innerhalb dieser Geschichte wurde immer mehr an der Zeit gezweifelt. Ich meine, gefühlt verändert sich alles ständig und offensichtlich. Jedoch der, der das mitbekommt, ist doch immer der Gleiche. Es ist ja oft nicht zu fassen.

Ich weiß nicht, ob der eine oder andere das kennt. Aber hier kommt öfters mal die Frage auf: „Das soll ich sein, da im Spiegel? So alt soll ich sein? Das kann ich unmöglich sein!" Mein Chef und Arbeitskollege sagt oft, wenn er in den Spiegel schaut: „O mein Gott, ich seh´ ja aus wie

Hundert!" Offensichtlich wirkt die Erscheinung intuitiv anders, als der Impuls, der sein „zu Hause" kennt. Dieser befindet sich jedoch immer im Hintergrund, zart und leise.

Die Ruhe

Die Kinder sind gerade aus dem Haus. Momentan ist das die schönste Zeit am Morgen. Nicht falsch verstehen, aber diese Ruhe kann wirklich ein Hochgenuss sein. Es braucht nichts.

Früher war das innerhalb dieser Geschichte undenkbar. Man muss schließlich was zu tun haben. Ich bin ja so wichtig und habe so viele Pflichten! Nach außen immer beschäftigt, immer abgelenkt. Die meisten Menschen können mit Stille oder Nichtstun überhaupt nichts anfangen. Wenn man sie fragt, wie sie sich entspannen, kommt oft die Antwort: „Nun, ich lese gerne ein Buch oder entspanne mich wunderbar beim Fernsehen. Auch Sport macht ja den Kopf frei, habe ich gehört". Man geht seinem Hobby nach und immer ist was los.

Hier wird das so nicht mehr empfunden. Für mich ist das die reinste Ablenkung. Kann natürlich von Sorgen und gewohnheitsmäßigem Arbeitsdenken wegführen und dieses für kurze Zeit vergessen lassen, was dann entspannend wirkt. Erschreckend zu beobachten finde ich, wenn es dann bei einigen doch mal über längere

Zeit stiller wird, diese Stille aber nicht ertragen werden kann. Der Verstand, der die Oberhand bekommt, ist dann schwer abzuschalten. Plötzlich ist man Sklave des „Kopfkinos". Nächtlicher Schlaf wird so geraubt und die Depression macht sich breit.

In dieser Geschichte bin ich mit vielen Menschen im Gespräch, die Entspannung suchen. Nur leider wird es bei vielen so verstanden, wie der Gang zum Arzt, an den man sich „abgibt".

Wenn die Einsicht, sich selbst begegnen zu wollen nicht eintritt und die Reise zu sich selbst nicht angetreten wird, bleibt auch dies nur „Entspannung" im Außen.

In gewisser Weise ein „Um zu...". Ich gönne mir jetzt eine Massage, einen Workshop oder ein Seminar, damit es mir danach besser geht. Für den Moment mag das funktionieren, aber mit sich selbst „zu Hause" sein, leider wieder nein.

Die meisten Menschen sind so in ihren Geschichten verstrickt und meinen, durch viel angehäuftes Wissen alles schon zu kennen. In dieser Geschichte wird es wirklich mittlerweile als Segen empfunden, eigentlich nichts zu wissen. Ich

meine, wie kann man überhaupt behaupten, etwas zu wissen?

Kinder, Kinder...

Als wir klein waren, sagte man uns, wie die Dinge, die wir als getrennt von uns wahrnahmen (natürlich erst nachdem wir geglaubt haben, dass wir davon getrennt sind), heißen. Das Gleiche ist hier natürlich auch so passiert.

Man sitzt mit dem Kind auf dem Schoß und bringt ihm anhand eines Bilderbuches die vielen verschiedenen Sachen bei: „Das ist ein Haus, ein Baum, ein Auto, die Katze macht miau usw." Es soll sich ja schließlich in der Welt zurechtfinden. Aber außer die Dinge benennen zu können, habe ich jedenfalls keine Ahnung, was es wirklich ist. Das Einzige, was hier beobachtet werden kann, ist nach dem Benennen eine dazugehörige Geschichte, die im Kopf abläuft. Diese ist natürlich wiederum gelernt und wird mit Erinnerungen, die im jeweiligen Moment auftauchen, ausgeschmückt. Gleichzeitig mischen sich darunter Gefühle und natürlich eine Bewertung. Wie z.B. beim Wort „Baum": „Oh, Bäume sind schön. Ich liebe die Natur, bin gerne draußen im Garten. Habe gerade den Geruch in der Nase. Beim Waldspaziergang habe ich meinen Mann kennen gelernt. Das war so romantisch! Grün ist meine Lieblingsfarbe".

Im Bruchteil einer Sekunde alles im Kopf. Etikettiert geglaubt und für real empfunden. Da aber jeder eine andere Geschichte zum Baum im Kopf abspult, was natürlich automatisch passiert, ist es doch ein Wunder, dass man sich überhaupt unterhalten kann. Ich meine, ich kann ja auch nicht wirklich wissen, ob und wie der Andere mich versteht, welche Assoziation er mit den Dingen hat. Jedoch kann ich innerhalb dieser Geschichte nur sagen, wenn der Geschichte im Kopf nicht geglaubt wird, habe ich auch mal wieder keine Ahnung, was ein Baum ist. Wenn ein Kind das erste Mal fragt: „Was ist das am Himmel"? Und wir antworten: „Ein Vogel", wird es nie wieder einen Vogel sehen, sondern nur das Wort in seinem Kopf...

Wo wir gerade bei Kindern sind: Babys üben eine unheimliche Faszination auf viele Menschen aus. Neulich kam eine Arbeitskollegin mit ihrer sechs Monate alten Tochter während der Arbeitszeit vorbei. In Null-Komma-Nix war eine Traube um das Kind. Alle strahlten das Baby an und waren vollkommen verzückt. Geistig total weggetreten! Ich habe die Gesichter beobachtet. Reinste Magie. So wirkte es wohl.

Wenn man einem Baby in die Augen schaut, sieht man eine glänzende, tiefe Leere. Unschuldig und unbefleckt. Man hört auch den Ausspruch: „Da geht einem ja das Herz auf". Oder sein Baby zu beobachten ist erfüllender als fern zu sehen. Obwohl nicht wirklich etwas Spannendes passiert. Es ist einfach das eigene, tiefe und unbekümmerte „Selbst", was in einem berührt wird. Der Punkt, der trotz aller Konzepte, die so ablaufen, immer da ist. Der plötzlich resoniert. Ein winziger Moment, den man „nach Hause" nennen könnte.

Das Wort „Liebe" trifft es für mich nicht wirklich, da es nichts mit persönlich empfundener Liebe zu tun hat. Wenn die Person nicht aktiv ist und der resonierte Punkt tief resoniert, ist das die Richtung „nach Hause". Die tiefe Leere, die beim Baby gesehen werden kann, erfüllt das ganze Sein. Das Baby ist seinem Ursprung viel näher, da das „Ich-Bewusstein" noch nicht vorhanden ist.

Die Dinge passieren wie sie passieren und es ist noch keiner da, der damit ein Problem hat. Sobald das Kind sich im Spiegel erkennt und „Ich" sagt, fangen die Probleme an. Mit ca. drei Jahren ist es dann soweit. Dann wird „mein" verteidigt. Beim Spielen kann man gewinnen oder verlieren. „Ich und die Anderen". Kinder können dann schon grausam sein. Alles hausgemacht, zuvor ist alles nur passiert und auf einmal gibt es einen Schuldigen oder Stolzen. Der setzt sich dann oben drauf und beansprucht alles für sich. War natürlich in dieser Geschichte nicht anders. Das Zentrum „Ich" schaut hier raus, bewertet ständig alles und jeden. So beginnt mit dieser „Ich-Geburt" lebenslänglich der Versuch, zwischen den zwei Seiten einen Ausgleich hinzubekommen.

Tiefer forschen...

Das ist weder falsch noch richtig, so passiert es scheinbar nun mal. Tatsächlich kennen wir alle die Momente, wo Leere im Kopf herrscht, was so meist aber nicht wahrgenommen wird.

Wir schauen in die Natur, oder aufs „Meer" und alles wird weiter. Es ist ein Gefühl des Ausdehnens. Als ob der Körper seine Grenzen verliert. Einfach herrlich, unbeschreiblich. Doch tauchen die Kommentare im Kopf dazu wieder auf: „Wie herrlich die Sonne scheint. Keine Wolke am Himmel. Man könnte ja den Tag nutzen und noch Fahrrad fahren. Ja, eine gute Idee". Damit ist dann wieder alles vorbei. Jetzt kann man wieder etwas tun.

Strenggenommen, ist jede Droge darauf aus, uns nicht da sein zu lassen. Also den Alltag und dieses „Ich-Verantwortungsgefühl" loszulassen. Was ich keinem verübeln kann. Sei es bewusst, oder unwissend. Beim Weinen oder Lachen ist das so, was sehr befreiend ist. Nicht zu vergessen, der sexuelle Höhepunkt: Zusammen mit dem Anderen „verschwinden". Die absolute

Krönung des Ganzen, ist nach einem doch so anstrengenden Tag, den „Ich" ja wieder meistern musste, endlich: Schlafen. Wie sehr freut man sich, wenn dem Computer der Stecker gezogen wird. Der Tiefschlaf, in dem keine Träume vorhanden sind, ist das Größte.

In dieser Geschichte wurde irgendwann bemerkt, dass die Welt erst mit mir auftaucht, bzw. nachts verschwindet. Spannend wurde hier auch gesehen, dass nicht willentlich eingeschlafen werden kann. Man wird vom Schlaf abgeholt. Das macht niemand sonst. Die Aussage: „Da habe ich geschlafen", ist absolut nichts und leer. Schlafen passiert von ganz allein. Nicht das hier irgendwas dadurch verstanden wurde. Keine Ahnung, was da passiert.

Nicht umsonst nennt man den Schlaf den „kleinen Tod". Im Tiefschlaf weiß man nicht, dass man ist, aber man ist trotzdem. Da macht man morgens die Augen wieder auf und die Welt ist wieder da: „Und ewig grüßt das Murmeltier".

In dieser Geschichte war dieser Wunsch „nach Hause" zu kommen so groß, dass alles andere mehr oder weniger zwar nebenbei lief, aber un-interessant war. Es fühlte sich wie ein Rufen an. Aber die Augen waren verschlossen und es wurde nicht gewusst, aus welcher Richtung es kam. Das Schöne ist, es ist richtungslos, aber dazu später Näheres...in dieser Geschichte.

Tun oder nicht tun?

Nach der „Wünsch-Dir-was-Phase" kam hier öfters der Gedanke auf, dass Meditation und vor allem Selbstakzeptanz und Selbstliebe, doch in gewissen Kreisen der Schlüssel zur Erfüllung sein soll. Nun ja, wie alles andere wird auch dies als Methode angesehen. Da war es wieder „Um zu..." Ich wollte ja schließlich nach Hause. Es ist schon paradox. Man weiß zwar, dass es Quatsch ist, muss es aber trotzdem tun.

So kam wieder das Gefühl auf, nichts in der Hand zu haben und von einer „höheren Macht" gelenkt zu werden. Das war dann wieder logisch. Wenn „ich" es nicht steuern kann, muss es ja jemand anderes machen. Da war auch wieder diese Trennung. Das Sonderangebot im Zweierpack. Wie sehr der Verstand es auch versuchte, es kam nur Scheitern dabei heraus. Diese ganzen „Um zu...-Methoden oder Übungen", dienen letzten Endes dieser Verzweiflung, die es unbedingt benötigt, damit Hingabe passieren kann. Eine totale Selbstaufgabe für das eigene Sein. Absolutes Paradoxon und nicht zu begreifen.

Wie sollte das je transportiert werden, wenn Worte und Sprache von Natur aus dualistisch sind? Aber innerhalb dieser Geschichte gab es etwas „Echtes", das wurde einfach gewusst. Aber woher? Keine Ahnung, aber das „Meer" und das „Baby" konnten unmittelbar erlebt werden. Bei einer „Um zu...- Methode", die ja trotzdem getan werden musste, war dann plötzlich die Empfindung, dass das „Meer" in mir war. Ganz merkwürdig, dass wurde auf einmal gesehen und intuitiv erfasst. Für einen kurzen Moment. Danach war wieder alles wie immer. Jedoch konnte dieses Erlebnis nicht vergessen werden. Da war wieder das Meer und fütterte den Verstand mit neuen Theorien und Deutungen.

Nicht böse gemeint, aber das erinnert mich gerade an meinen Mann, der ein „Fingerzucken" bei sich bemerkt hat. Nun kommt der Verstand jeden Tag mit neuen Theorien, Diagnosen, Vermutungen und vor allem Ängsten um die Ecke. Natürlich weiß er, dass er nicht wissen kann, was die Ursache ist. Aber es passiert trotzdem. Es ist die Angst, die so gewaltig ist. Eigentlich ist es eher die Angst vor der Angst, die man nicht kontrollieren kann. Ausgeliefert sein, sich hingeben, was man nicht tun kann. Da ist es wieder!

Wenn sich alles beispielsweise um so ein Thema dreht, ich denke jeder kennt das wahrscheinlich, hat man oft das Gefühl, dass das Denken daran es nur noch schlimmer macht. Tatsächlich glaube ich eher, dass es einfach mehr an Realität gewinnt. Oftmals wird es vergessen und so auch nicht gespürt. So könnte man natürlich genauso einmal untersuchen, ob nicht der Schmerz auch nur auftaucht und wieder verschwindet. Wenn das beobachtet werden kann, ist dieses kleine, gemeine „Mein Schmerz" nicht mehr so dramatisch. Ausgeliefert ist man eh immer, mit oder ohne Widerstand.

Ich meine, das fängt doch schon bei der Geburt an. Streng genommen kann ich mich nicht erinnern, dass ich gefragt wurde, ob ich überhaupt hier sein will. Man findet sich plötzlich im Leben vor. Also: Wer hat da was im Griff?

Wie auch in dieser Geschichte. Geschichten im Kopf, die die Welt erklären. Ich kann nicht behaupten, dass ich irgendwas verstehe. Keine Ahnung. Vielleicht wird jetzt manch einer sagen: „Wenn ich ja eh nichts machen kann, kann ich ja gleich im Bett liegen bleiben. Gehe nicht mehr zur Arbeit und mache gar nichts mehr. Hole mir dann einen „gelben Schein" und mach es so wie die anderen". Schöne Theorie, sollte man mal ausprobieren. Spätestens wenn die volle Blase drückt, steht man auf. Wenn der Magen knurrt, isst man was und wenn sich das Gewissen innerhalb der jeweiligen Geschichte meldet, ändert man vielleicht doch etwas.

Man kann Theorie und Praxis nicht gedanklich schon im Voraus gleichsetzen. Aber man meint ja immer alles schon zu wissen, kennt schließlich die Welt. Daran ist nichts falsch, es scheint so zu sein.

Alles im Fluss!

Dazu fällt mir gerade eine andere Geschichte ein. Nun gut, „fällt mir ein", könnte man direkt auch „fällt ein" sagen. Ich meine damit, dieser „Einfall" ist plötzlich da: Die Geschichte von „Forrest Gump". Früher, innerhalb dieser Geschichte, fand ich den Film langweilig und irgendwie blöd. Mittlerweile gefällt mir dieser ganz einfach gestrickte Forrest und sein Leben. Okay, er ist ja nicht die hellste Kerze auf der Torte, aber er hat überhaupt kein Problem damit. Er folgt einfach seinem Drang, ohne groß nachzudenken. Nun, in dem Film scheint er es auch nicht zu können. „Werdet wie die Kinder" (Matthäus Kap.18.1). Arm im Geiste sein, ohne Konzepte...

Forrest, so scheint es mir, fließt einfach mit den Umständen mit. Diesen Ausspruch „Alles ist im Fluss", habe ich früher auch völlig falsch verstanden. Man neigt schnell dazu zu glauben, wenn alles gut läuft, ist alles in seinen Bahnen und „im Fluss". Hier wird das allerdings inzwischen anders gesehen. Mit dem Leben fließen, ist wohl eher gemeint. Das Leben fließt dahin, wo es nun mal hinfließt. Das macht niemand. Fließen wäre für mich: „Da kommt eine Kurve, da wird es eng, okay festhalten. Da will es streiten, wütend sein, okay, lass´ raus, was raus will. Da passiert etwas Unvorhergesehenes, okay, wo ist Plan B. Jetzt kommt ein ruhiges Stück, okay, genießen und ausruhen. Da bricht etwas weg, okay, ist halt so. Betroffenheit kommt auf, okay, die darf auch da sein".

Es fühlt sich innerhalb der Geschichte, wie okay, was da ist, an. Wenn dann Widerstand oder Wut auftaucht, ist das genauso okay. Gefühlswogen, die auftauchen, explodieren und wieder abtauchen.

Wie Wellen im Meer. Da ist es wieder...

Alles, das was kommt und geht, kann ich doch eigentlich gar nicht sein. Ich bin doch der, der es bemerkt und alles beobachten kann. Wo bin ich denn dann? In dieser Geschichte können natürlich auch mal Sorgen auftauchen, oder Angst. Jedoch ist schnell klar, dass das was auftaucht, auch wieder abtaucht. Es wird, warum auch immer, nicht mehr als Realität geglaubt. Die Vorstellung, nur dieser Körper zu sein, macht die größte Angst.

Irgendwann wurde in dieser Geschichte gesehen, dass die Faszination des Meeres bzw. auf das weite Meer zu schauen, gar nicht ausschließlich des Meeres bedarf. Als ich an einem schönen Herbsttag über die Autobahn fuhr, war „er" auf einmal da. Eigentlich ist er ja immer da: Der Himmel. Ich war überwältigt vom Blick in den Himmel. Währenddessen wurde wie nie zuvor ein unbeschreibliches „Ausdehnen" erlebt. Meine Augen füllten sich mit Tränen und gleichzeitig grinste ich so über beide Wangen, dass schon fast ein Krampf drohte. Soweit ich sehen konnte, auch nach rechts und links schauend, war dieses Empfinden: „Oh mein Gott, das bin ich alles". Bei Tempo 130! Gefühlter absoluter Kontrollverlust. **Das** muss „zu Hause" sein, dachte ich damals.

Aber es ging auch wieder. Nun ja, und was kommt und geht, ist halt so 'ne Sache. Dieses Empfinden taucht hier immer mal wieder auf. Es zieht einfach durch, wird genossen und geht wieder. Gefühlte Leichtigkeit des Seins. Wir sind natürlich auch diese scheinbar limitierten Körper, keine Frage, aber gewiss nicht ausschließlich. Jedenfalls nicht in dieser Geschichte.

Nach dem erstmaligen Erleben dessen, wollte der Verstand dafür eine Erklärung. Nun, wissenschaftlich „Spiegelneuronen", oder so. Aber eigentlich war der „Erklär-Bär" irgendwie im Urlaub. Es wurde immer offensichtlicher, wenn ich morgens anwesend bin, die Welt in mir auftaucht. Das ist bei jedem so. Die Welt ist immer da, wo man gerade ist. Bei mir, sieht sie nun mal so aus, wie sie hier gesehen wird, und bei allen anderen ist es dementsprechend genauso. Wird aber höchst wahrscheinlich nicht so wahrgenommen.

Das heißt aber nicht, dass dadurch im alltäglichen Leben innerhalb der jeweiligen Geschichte zwangsläufig eine Änderung eintreten muss.

Ganz ehrlich, nach nochmaligem Durchlesen dieser Seiten bis hierher, könnte ich mir vor Freude, oder ist es Lachen, in die Hose machen. Komme mir gerade vor wie Bully Herwig (Macher von „Traumschiff Surprise"), der mal in einem Interview erwähnte, dass er schon mal nachts aufwachte, weil er über seine eigenen Witze lachen musste! Nun ja, hier ist doch eher Freude, die sich gerade darüber zeigt. Herrlich! Reine Freude, das alles zu Papier zu bringen.

Okay, wenn ich innerhalb dieser Geschichte wirklich ehrlich bin, ist da so ein Wechsel in der Wahrnehmung schon vorher passiert.

Der Switch

Man kann es kaum beschreiben. Falsch. Man kann es nicht beschreiben, weil es dafür gar keine Worte gibt. Aber der Versuch es zu beschreiben wird immer wieder vollzogen. Also warum nicht noch einmal. Innerhalb dieser Geschichte passierte es während einer Meditation. Das war natürlich so eine „Um zu..." Meditation. Aber ich hatte auch hier keine Ahnung, was ich da eigentlich machte. Man befolgte die Anweisungen so gut es geht. Nun auch hier muss ich sagen, wurden die „Anweisungen" nur so befolgt, wie sie mir in den Kram passten. Das Ganze ging über mehrere Tage. Sozusagen eine komplette Auszeit vom Alltag. Man durfte sich tagsüber nicht hinlegen, aber eine Badewanne gab es auf dem Zimmer. Ich meine, ich habe das als Einladung empfunden. Zwischendurch hatte ich wirklich das Gefühl, dass mein Gehirn abstirbt, oder auch ordentlich gewaschen wurde! So kam dann auch Panik auf: Auf mein Fragen diesbezüglich, kam nur die Antwort der Institutionsleiterin: „So schnell stirbt man nicht". Was sollte das denn heißen? Okay ich hatte ja die Vorstellung, ich könnte mein „Ich" sterben lassen. Stand auch so in den ganzen Büchern. Was ich aber doch auch bitte dann mitbekomme, so die Theorie. Völlig absurd! Habe ich natürlich nicht verstanden.

Wenn ich vor diesem Aufenthalt mal versucht hatte, so nach meinem Gutdünken zu meditieren, gab es da hin und wieder Glückseligkeitsgefühle und Verzückung. Nach einer Zeit wurde ich immer gieriger nach solchen Zuständen.

Zurück zum Aufenthalt. Es gab ein Erlebnis innerhalb dieser Geschichte, was so durchdringend war, aber die Worte schlichtweg fehlen, um es zu beschreiben. Es gibt dafür einfach keine Worte. Ich versuche es trotzdem zu beschreiben: Man stellt sich bei dieser Technik innerlich vorgegebene Punkte vor. Diese geht man benennend mit drei Wörtern innerlich ab. Während man dies praktiziert, muss man darauf achten, ob sich externe Gefühle oder Gedanken einmischen und man dadurch aus dem Konzept gebracht wird. Falls ja, werden diese dreimal benannt und man fängt wieder von vorne an. Mittlerweile glaube ich, dass das eine Methode ist, um den Verstand am Laufen zu halten, damit dieser was zu tun hat und nichts in Frage stellt.

Es wurde so der Beobachter geschult, der gleichzeitig aufpasst, ob sich irgendwelche Störenfriede (Gedanken, Gefühle etc.) einmischen wollen.

Bis dahin so weit so gut. Mit einem Timer wurde die Zeit vorgegeben und kontinuierlich verlängert. Hatte schon was von Folter. Es war so ein unfreiwilliges, freiwilliges tun müssen. Wie bekloppt muss man sein, so etwas freiwillig zu machen? Reine Verzweiflung, so scheint es. Jedenfalls begannen plötzlich, während der Meditation, die drei besagten Wörter ein Eigenleben zu führen. Ich hatte auf einmal nicht mehr das Gefühl, dass „ich" sie willentlich innerlich vorbetete, sondern beobachtete, wie sie sich immer schneller von allein wiederholten. War schon ein bisschen unheimlich, aber es kam keine Angst auf. Es war paradox. Einerseits die völlig in sich gekehrte Stille und gleichzeitig dieses immer schneller werdende, mit Abstand zu beobachtende, Karussell im Kopf. Es wurde immer schneller und schneller und plötzlich konnte der Beobachter selbst beobachtet werden. Gleichzeitig wurde bemerkt, dass gar kein Atmen mehr passierte. Dann gab es einen Kurzschluss, implodiert oder explodiert. Keine Ahnung. Schwer zu umschreiben...

Dann kam ein Gefühl auf, wie durch ein winziges Schlüsselloch zu schauen. Es war gefühlt geschaut, jedoch wurde weder gesehen, noch hat da jemand geschaut. Es war nichts zu sehen. Alles innerlich versteht sich. Jedoch war dieses „Nichts" nicht nichts. Es war unendlich voll zugleich. Ein tiefes Wissen, und wie mit einem Blitzschlag aus der Tiefe heraus war ganz klar: Es ist alles anders. Es ist nichts, aber auch gar nichts, so, wie ich dachte. Da ist überhaupt nichts und gleichzeitig ist es völlig erfüllt. Da war keine Welt, kein Ich, nur unbegrenzte erfüllende Leere.

Damals war das ein Schock. Der Verstand setzte wieder ein und es wurde lange Zeit nach Resonanz in anderen Geschichten gesucht. Es folgte ein Prozess, der viele verborgene Dinge ans Licht brachte. Nur kurz erwähnt: Später besuchte ich zwei „Vergebungsseminare". Die dort erlebten „energetischen Phänomene" beschäftigten mich eine ganze Zeit lang. Diese wurden schlussendlich jedoch auch als Erscheinungen, die auf- und abtauchen erkannt. Die Vorstellung, sich auf eine Seite zu schlagen und beispielsweise nur noch „Gutes" tun zu wollen, wurde bald als unmögliches Unterfangen bzw. als Verneinung der erscheinenden dunklen Seite begriffen. Ich meine, wem sollte man das erzählen?

Das ganze Geschehen dauerte gefühlt so lange wie ein Wimpernschlag und war so durchdringend, dass es niemals in Frage gestellt wurde. In jedem von uns, wenn wir uns als Tropfen wahrnehmen würden, ist der gesamte Ozean enthalten. Das hat nichts mit verstehen zu tun, so lange es einem nicht selbst passiert. Aber das Verrückte dabei ist, dass da kein Passieren ist. Man könnte es den „Urzustand" vor allen Konzepten nennen. Der immer koexistiert. Ein Wechsel in der Wahrnehmung, der sonst nicht gesehen wird. Eine winzige Lücke im Kopf, die Alles wegfegt. Der Wegfall der Geschichte. Begegnung mit dem eigenen Sein. Einfach der Wegfall oder Zusammenbruch der Dualität. Innerhalb dieser Geschichte das wahre „zu Hause". Man kann es nicht haben, behalten oder mitnehmen. Nur Sein, es braucht nichts.

Einmal geschaut heißt natürlich nicht „Und sie lebte glücklich und zufrieden, bis an ihr Lebensende", was ja gefühlt schon das kleine Ende war! Was erst viel später klar wurde war, dass wir in Wirklichkeit nicht getrennt sind. Natürlich scheint es so und es sieht auch weiterhin so aus. Verstehen kann ich das allerdings nicht. Ich habe wirklich keine Ahnung. Es ist offensichtlich, dass scheinbare Dualität, eben scheinbar ist. In dieser

Geschichte ist diese real scheinende Welt, auch gleichzeitig irreal. Es fühlt sich leicht an, wie „zu Hause". Ich habe wirklich keine Ahnung, wer oder was ich bin. Ein Mysterium und keiner da, der es wissen will. Das Leben lebt sich genauso weiter, wie vorher auch. Hier wird immer noch das Meer geliebt. Wahrscheinlich, weil es so unendlich weit ist. Ohne viel Ablenkung, wenn man auf den Horizont schaut und gleichzeitig so voll ist. Die tiefe, glänzende Leere, wie die Augen eines Babys. Einfach erfüllend.

Das Auge kann sich selbst nicht sehen. Dafür brauchen wir einen Spiegel und erkennen nicht, dass die ganze Welt unser Spiegel ist, Universen und Galaxien eingeschlossen. Unser Spiegelbild erscheint in uns genauso wie alles andere auch. Wenn man wirklich einmal untersucht, wer man ist bzw. danach fragt, wird über kurz oder lang keine Antwort kommen. Das was morgens auftaucht und nachts wieder verschwindet, kann das, worin es auftaucht, nicht kennen oder sehen. In dieser Geschichte wird diese Ahnungslosigkeit als Segen empfunden. Es bleibt immer nur die Essenz, die nicht erkennbar ist. Das zu sein, was sieht, das Sehen, das Gesehene und das, wodurch das überhaupt möglich ist. Die

Wirklichkeit, die sich als was auch immer, verwirklicht. Keine Trennung. Interessanterweise ist das durch die Quantenphysik längst bekannt. Materie ist eben nicht so fest, wie früher angenommen. Alles besteht aus der Bewegung des „Nichts" heraus.

Von Werkzeugen und Töchtern...

Wie in Goethes „Zauberlehrling". Unser Verstand ist ein guter Diener, aber ein schlechter Meister. Er ist wie ein Werkzeug, nützlich wenn man es richtig einzusetzen vermag. Ich meine, wer geht schon in den Keller und fragt einen Hammer, wie das Leben funktioniert? Vielleicht antwortet er einmal: „Was fragst du mich? Ich bin ein Hammer!". Wenn man ihm zu viel Freiheit gewährt, könnte er natürlich größenwahnsinnig werden und mit seinem „Kopfkino" auf uns einhämmern!

Es gibt nichts, was es scheinbar nicht gibt. Das ist ja das Schöne, man kann alles ausprobieren. Es passiert ja nichts. Es ist so verrückt. Man hat einen Wunsch oder Traum, dessen Erfüllung in die scheinbare Zukunft projiziert ist. „Wenn ich dies oder das erreicht habe, oder das ... besitze,

dann..." Wenn es dann soweit ist, hält dieses Gefühl von Erfüllung oder Zufriedenheit nie lange an und das nächste Ziel will erreicht werden. Daran ist nichts falsch, hält das ganze Ding aber am Laufen. Man ist ständig hinter dem vorgehaltenen Leckerli her, oder jagt seinem eigenen

Schwanz nach. Die Werbung, oder auch die Gesellschaft, die uns sagt, wie wir zu funktionieren haben, lässt uns einem illusionären perfekten Ideal hinterherlaufen, welches nie erreicht werden kann. Der Wunsch, keine Wünsche mehr zu haben, ist auch schon ein Wunsch. In dieser Geschichte kam so etwas hin und wieder auch vor. Bis zu dem Punkt, an dem erkannt wurde, dass alles Materielle letzten Endes leer ist. Ohne Substanz. Es ist die Vorstellung, dadurch Erfüllung zu erfahren, die immer wieder ins Leere greift, weil das „Ichkonstrukt" keine wirkliche Substanz hat. Es scheint unumstößlich real zu sein, dadurch getrennt zu sein, und es nimmt seine Welt als „viele verschiedene Dinge" war. Diese Trennung scheint unbefriedigend zu sein und so sucht es sein Glück in der Welt. Hier wird wirklich nichts verstanden.

Wenn das Leben nicht so persönlich erfahren wird, wird immer öfter gesehen, dass auch die scheinbar anderen nicht anders können, als so, wie sie nun mal gespielt werden. Manchmal ist man im Gespräch und sagt etwas, für sich selbst als belanglos etikettiert, aber der Gesprächspartner dreht völlig ab. Es ist förmlich zu beobachten, wie ein Triggerpunkt getroffen wurde

und das dazugehörige Programm von allein ab-
gespult wird. Gefühle und Erinnerungen mischen sich darunter und zum Schluss weiß man
gar nicht mehr, wie das Ganze zustande kam.

Als ich meiner Tochter einmal sagte, sie solle die
Dinge doch nicht immer so persönlich nehmen,
kam die Frage: „Wie soll ich sie denn dann nehmen?" Gute Frage! Darauf taucht in dieser Geschichte keine Antwort auf. Das Einzige, was
dann erscheinen kann, ist Mitgefühl, für die
scheinbar Anderen. Wohlgemeint kein Mitleid,
denn das ist etwas ganz anderes, eher ein Tren-
nungsgefühl. Mitgefühl umschreibt eher: „Wir
sitzen doch alle im selben Boot". Auch wenn
man es gerade nicht so wahrnimmt. Kluge Rat-
schläge sind da völlig fehl am Platz. Einfach zu-
hören und „nichts tun" kann schon viel bewirken. Wenn der plappernde „Monkey-Mind" im
Kopf auf Mitgefühl und Ruhe stößt, wird er sich
zwangsläufig beruhigen.

Innerhalb dieser Geschichte wurde allerdings
auch lange Zeit nach der alten Erziehung gelebt
„Man darf sich von den Kindern nicht alles ge-
fallen lassen. Denen würde ich ja mal Bescheid
sagen. Früher war das ganz anders. Ihr ward

ganz andere Kinder. Als ob früher alles schlechter war!". Ich denke, fast jeder hat doch den ein oder anderen Spruch auch von seinen Eltern gehört...

Wenn aus welchen Gründen dieses „persönlich auf sich selbst bezogene nicht auftaucht", gibt es plötzlich bei einer pubertierenden Tochter, wenn sie nach Hause kommt, mir ihre Tasche vor die Füße wirft, mich anbölkt wie scheiße alles ist, ihr das Essen nicht schmeckt und sie laut schreiend die Türe knallt, nichts mehr zu sagen. Ich meine, es wird nicht ausgehalten. Diese Reaktion von mir in der Mutterrolle wäre früher undenkbar gewesen. Wenn dem ganzen Geschehen mal keine Energie gegeben wird, konnte hier beobachtet werden, dass meine Tochter nach einiger Zeit von allein wieder herunter kam, das Essen doch nicht „so schlecht" war und hin und wieder kam sogar ein „Entschuldigung". Nicht, dass das hätte sein müssen, aber interessant zu beobachten.

Was die meisten Menschen einengt, so scheint es mir, sind diese, da ist es wieder, zwei Arten zu reagieren. So wie wir es gelernt haben. Es passiert etwas, und die abgespeicherte Reaktion beschränkt sich auf Flucht oder Angriff. Wenn es um körperbezogene Dinge geht, funktioniert es ganz von allein. Adrenalin wird ausgeschüttet und der Körper macht halt was er macht. Bedrohung für den Organismus und der Verstand hat Pause. Würde im Notfall auch viel zu lange dauern, bis der sich mal entschieden hat. Wenn es aber um alltägliche Dinge geht, besteht keine Lebensgefahr. Das ständige Streben nach Gewinnen, persönlichen Rechthabens, seinen Kopf durchsetzen zu wollen, Sorgen nachhängen, alles furchtbar dramatisch sehen, kostet extrem viel Energie und ist ein reiner Überlebenskampf.

Die Mitte

Wenn das alles einmal wegfällt, ist es erstaunlich, was durch „Nichtreagieren" geschehen kann. Innerhalb dieser Geschichte konnte dies bei einem Karatemeister auch über den Körper mit entsprechenden Übungen ausprobiert werden. Dazu möchte ich ein leicht nachvollziehbares Beispiel beschreiben: Man stelle sich vor, auf einem Konzert einen Stehplatz ergattert zu haben. Dann hat sich der Übungspartner so angelehnt, wie es auch auf einem Rockkonzert im Gedränge passieren könnte. Das Gefühl einen Platz zu haben und ein Fremder lehnt uneingeladen an, war die Ausgangssituation. Nun, im Normalfall gäbe es auch hier wieder zwei Möglichkeiten. Entweder geht man einen Schritt zur Seite und überlässt dem anderen seinen Platz, oder man drückt sich gegen den anderen und verteidigt somit seinen Platz. Gut, man hätte natürlich auch eine Diskussion anfangen können, jedoch fällt das wieder unter Verteidigung. Der erste Schritt der Übung war, die Situation so wahrzunehmen, wie sie ist, und nicht zu reagieren. Etwas beklemmend! Dann sollte man seinen Körper tiefer spüren. Die Aufmerksamkeit bewusst in den Bauch, vom Kopf weg, in die Beine und Füße lenken und sich ganz in sich selbst ausdehnen bzw. ein-richten. Soweit klar, danach tief in sich ruhen und fühlen: „Das ist **mein** Platz und **ich** stehe hier." Wie von selbst richtete sich der eigene Kör-per auf, obwohl er ja schon stand. Das Feld um den Körper herum dehnte sich irgendwie aus. Was wie von Geisterhand dem Feld des anderen eine Information gab, so schien es. Ich meine, ich habe natürlich keine Ahnung. Fühlte sich halt so an. Jedenfalls wich der andere Körper wie von selbst zurück! Faszinierend, auch als Lehnender spannend zu beobachten. Es machte den Ein-druck der goldenen Mitte. Der mittlere Weg. In der Ruhe liegt die Kraft. Seine Mitte finden, in sich ruhen. Wenn Zwei sich streiten freut sich der Dritte. Was auch immer, es passt alles. Diese tiefe Ruhe, oder das Nichts", was aus sich heraus in Bewegung gerät. Ohne ein Dazutun. Da ist es wieder…

Paradoxerweise kann das scheinbar erlebt wer-den, bzw. „Leben" findet dann im jeweiligen Moment statt, wenn es so sein soll. Gefühlt leich-ter als „Überleben". Aber wie gesagt, hier kann nicht behauptet werden, „Das" zu verstehen. Er-innert mich gerade ein bisschen an: „Die Macht wird immer mit Dir sein, Luke Skywalker" (Quelle: STAR WARS). Nun ja, sie ist ja immer da. Doch diese Gute- und Böse-Seite beschreibt wieder das Zweierpack. Aber am Ende gewinnt das Gute. Da beides aus der einen Quelle auftaucht und auch die Quelle ist. Jedoch kann die Quelle nicht bestimmen, was aus ihr herausströmt. Innerhalb dieser Geschichte wird es schon mal als Spiel mit sich selbst, was in unterschiedlichen Formen erscheint, empfunden. So gesehen nicht getrennt ist, aber so erscheinen kann. Wenn keiner nach dem „Warum" fragt, bleibt Ahnungslosigkeit. „Ich weiß, dass ich nichts weiß". Manche bezeichnen es als „Inneren Frieden".

Es trifft es nicht ganz für mich. Es fühlt sich eher wie Konfliktlosigkeit mit sich selbst an. So gesehen, kein Konflikt mit dem, was auch immer passiert. Gefühle wie Betroffenheit, Freude oder Wut etc. ja, aber diese kommen und gehen...

Wenn die allumfassende Frage „Warum" nicht mehr gestellt wird, erscheint es einfach leichter. Keiner da, der es wissen will. Im Prinzip werden auch so alle alltäglichen Fragen von dem einen „Selbst" beantwortet. In gewisser Weise ohne Trennung, alles Selbstgespräche.

Da ich aus einer vom Fernsehen geprägten Generation stamme, kommt mir gerade innerhalb dieser Geschichte „Captain Picard" vom „Neuen Raumschiff Enterprise" in den Sinn. Mein Mann und ich haben uns oft darüber ausgelassen, wie dieser Mann überhaupt Captain werden konnte. Außer: „Irgendwelche Vorschläge?" und „Machen Sie es so!", kam von ihm nichts wirklich Produktives. Wenn man allerdings bei „TEAM": „**T**oll **E**in **A**nderer **M**acht`s", „anderer" weglässt... Reine Selbstgespräche. So sitzen wir doch alle im selben Boot, oder im selben „Raumschiff"!

Sinn und Theater

Nun, einen tieferen Sinn hat das Ganze natürlich nicht. Ich meine das nicht destruktiv. Aber die Frage nach dem Sinn „meines" Lebens taucht innerhalb dieser Geschichte, so scheint es, nicht mehr auf. Außer Freude an der Unterhaltung, wie das Leben halt so passiert. Man könnte den Sinn vielleicht auch „Spaßfaktor" nennen. Ich meine, wenn man ins Theater geht und sich eine Vorstellung anschaut, ist das doch auch reine Unterhaltung. Bei dem Wort „Vorstellung", die ja Unterhaltung, Erleben und vielleicht auch Freude bringen soll, wird ja etwas vorgestellt. Davor gestellt. Ähnlich wie „Vorstellung" oder man stellt sich gedanklich etwas vor. Tatsächlich im Kopf. Auf der Bühne tragen die Akteure Masken und Kostüme und spielen fiktive Rollen, die real wirken sollen. Erzählen „Geschichten". Mancher kann sich damit identifizieren. Das macht doch eine gute Vorstellung aus, wenn man ganz in der Geschichte versunken ist und für ca. drei Stunden gut unterhalten wird. Oder „unten gehalten" wird. Hört sich vielleicht sarkastisch an, aber innerhalb dieser Geschichte wird es als reine Unterhaltung angesehen. Man befindet sich im Leben und genießt die Show, mit allem was dazu gehört. Eben ungetrennt, ist man selbst die Bühne, das was auf ihr erscheint und auch das, worin sie erscheint. Die große Vorstellung des „Seins".

So, nun mal etwas für den Verstand: Wenn ich das doch alles wahrnehmen kann, muss es doch schon in mir vorhanden sein, oder? Aber wie gesagt, keine Ahnung. Kann nicht behaupten, dass ich was verstanden hätte. Apropos „hätte". Ist auch so ein Wort, was bei mir sofort, egal wer es sagt, den Ausspruch: „Hätte, hätte Fahrradkette" auslöst. Vollkommen sinnlos! Da ist es wieder. Auch hier wieder wunderbar: „Hätte ich, du, er, sie, es, wir, ihr, sie, nicht dies gemacht, getan oder auch gewusst, überlegt, eingegriffen, wäre das nicht, oder auch doch, höchstwahrscheinlich, oder mit Sicherheit, man kann es ja nie wissen, aber auch trotzdem, gerade deshalb, so oder so, passiert. Wenn Du das nicht gesagt hättest, hätte ich das nicht getan, und dann wäre das Alles nicht passiert. Oh mein Gott! In dieser Geschichte ist Unwissenheit reinste Freude.

Wenn die Dinge plötzlich gleichgültig erscheinen, verliert sich einfach diese Ernsthaftigkeit. Bei diesem „gleichgültig" meine ich nicht diese

negative Bedeutung, wie in: „Ist mir doch egal!"
Sondern: „Gleich gültig". Es wird keine Seite be-
schnitten oder abgetrennt. So hat das, was sich
zeigt, absolute Berechtigung. Und zwar aus dem
einfachen Grund, weil es nun mal schon da ist.
Das Gefühl bei Krankheit lieber gesund sein zu
wollen, ist absolut verständlich. Aber wie schon
gesagt, Gesundheit kann ja nur erfahren bzw. ge-
schätzt werden, wenn auch mal Krankheit auftaucht. Das ist natürlich einfacher gesagt als getan. Was aus dem „Nichts" auftaucht, kehrt auch
früher oder später dahin zurück. Wen interes-
siert die Krankheit ohne Kranken? Natürlich für
den Verstand eine Frechheit. Wo doch Alles einen Sinn haben muss, oder zumindest Ursache
und Wirkung.

Gut versichert?

Das, was wir so erleben, ist immer die Wirkung oder auch die Verwirklichung. Wie kann denn da die tatsächliche Ursache gefunden werden? Ich meine, wer setzt denn die Maßstäbe, bis wohin etwas zurückverfolgt werden kann oder soll? Nur weil man es statistisch beobachten kann, muss es doch noch lange keine absolute Wahrheit sein. Wenn es da einen gemeinsamen Nenner geben würde, müsste es immer so oder so sein, als unumstößliches Gesetz. Beim Beispiel der Gesundheit gibt es auch wieder Ausnahmen (z. B. Spontanheilungen, die durchaus vorkommen), bei denen es wieder anders ist. Zum Beispiel können zwei Menschen zehn Jahre dasselbe tun, aber das Resultat kann ganz verschieden sein. Letzten Endes will doch dieses Ichkonstrukt eine Versicherung für sein Tun oder Unterlassen. Eine Versicherung, das alles für mich richtig läuft, wenn ich nur das Richtige esse, tue, die Regeln befolge, immer meine Steuern brav zahle, nicht unangenehm auffalle, „normal" bin, fleißig arbeite, regelmäßig in die Kirche gehe, immer freundlich bin, etc. Diese Versicherung ist die beruhigende Kontrolle „Um zu..." Ist ja so normal, aber das eigentliche Gefängnis.

An Sicherheit in der Zukunft zu glauben und mit der richtigen Versicherung für die scheinbare Zukunft in jeder Hinsicht abgesichert zu sein, ist eine Illusion. Davon abgesehen, dass man am eigentlichen Leben vorbei lebt. Innerhalb dieser Geschichte gibt es genügend Beispiele, bei denen dies ein bitterer Trugschluss war, aber auch nicht zu vermeiden. Es gibt für im wahrsten Sinne des Wortes, „Nichts" eine Versicherung oder Kontrolle. Es sei denn, es soll in der dazugehörigen Geschichte genauso vorkommen.

Die Schönen, Reichen und Berühmten, Künstler und Millionäre, die trotz der scheinbaren Sicherheiten todunglücklich sind. Tief psychisch gestört, oder im Begriff sich sogar das Leben zu nehmen, sind sie vielleicht immer noch auf der Suche, bewusst oder unwissend, nach dem „zu Hause." Wer weiß? Habe ich nie verstanden.

Aber auch dies soll anscheinend so sein, sonst wäre es ja nicht so. Man kann es drehen und wenden wie man will. Am Ende ist es leer. Wenn gesehen werden kann, dass leer gleichzeitig voll ist, braucht es keinerlei Veränderung. Es ist egal, was auch passiert oder scheinbar auftaucht, ist immer „zu Hause." Es gibt nur „zu Hause." „Der

Vater und ich sind eins." (Johannes 10,30) „Das Königreich liegt inwendig in Euch." (Lukas 17,21) Man kann es nicht haben, besitzen, oder tun. Man kann es nur **sein**.

Warum leicht, wenn es schwer geht?

Die Vorstellung, dass die Welt anders sein „müsste", auch so ein einengendes Wort, macht das ganze Leben schwer. Immer dieses Gefühl, dass etwas falsch läuft. Und bei „falsch" könnte es ja „richtig" laufen, aber zumindest besser als das, was gerade ist.

In dieser Geschichte wird es als die eigene „Vorstellung" empfunden, die letztlich unzufrieden macht. Da sitzt man daheim rum und meint irgendetwas müsste doch passieren. So wird dann abgewartet, weil es ja auch heißt, dass man nichts tun kann. Oder man hat sich dann soweit mit seiner Situation abgefunden und ist offen für alles, was da noch so kommen mag. Man könnte auch jetzt bereit sein für den neuen Partner. Wenn er anklopfen würde, würde man sogar einen Blick riskieren. Wenn mancher dann noch von den richtigen Menschen gefunden würde, könnte man auch endlich seine Geschäftsidee umsetzen. Vielleicht fällt es auf, dass dieses Ich, welches angeblich eh´ nichts bewirken kann, sich alles schnappt was es kriegen kann und sich daraus seine Wunschwahrheit bastelt. Denn diese „Schwere" ist das Einzige, womit es sich perfekt auskennt. Immer diese Umstände, die Anderen, und niemanden kümmert es wie es dem Ich geht. Falls dann die Idee aufkommt, tiefer in sich selbst nach der Befreiung zu schauen, ist dies das Allerletzte, was dieses Konstrukt, was obendrauf sitzt, will. Obwohl das natürlich das eigentlich Gesuchte ist. Es ist die Gewohnheit. Sie ist wie ein guter Freund. Man kennt ihn und kann sich auf ihn verlassen.

Tiefer zu forschen, wäre fast schon Verrat. Auch hier wieder die beiden Seiten im Kopf. Ich meine, ein Baum wird sich kaum die Frage stellen, warum er an einem bestimmten Platz steht. Er steht da wo er steht, weil er genau dort stehen soll. Es ist, so scheint es, der Eigenwille, der so, wie die Dinge nun mal sind, nicht gefragt worden ist, ob es ihm auch passt. Hausgemachte Unzufriedenheit im Kopf. Es ist die scheinbare Trennung, was offensichtlich ist.

Spieglein, Spieglein...

Lange Zeit wurde innerhalb dieser Geschichte auch geglaubt, und es fühlte sich tatsächlich so an, dass die Spiegelfunktion der anderen, bezogen auf mich selbst, meine Fehler bzw. Stärken spiegelten. Mit anderen Worten, wenn es einen Streit gab, musste zwangsläufig der Grund in mir verborgen liegen.

Ein Beispiel: Wenn eins der Kinder an irgendeinem Thema schwer zu schlucken hatte, war das automatisch auch mein „persönliches" Problem. Der Spiegel zeigt mir, an welcher Stelle ich an mir arbeiten muss, da ich ja offenbar nicht gut genug war. Dafür mussten die Kinder herhalten, die natürlich das gleiche Problem hatten, oder seltener, die gleichen Stärken. So wird das um sich selbst kreisende Ich noch größer und wichtiger. Man muss zwangsläufig immer etwas verändern. Frei nach dem Motto: Die anderen kann man ja nicht ändern, sondern immer nur sich selbst. Hier wird es mittlerweile als das eine „Selbst" empfunden, das in unterschiedlichen Formen erscheint und mit sich selbst Geschichten spielt. Mit der ganzen Palette an Spielarten, die das Leben so bietet. Wenn dann die jeweili-gen Geschichten nicht mehr so persönlich er-scheinen, wird es offensichtlicher, dass das Le-ben aus Rollen besteht, die gelebt werden. Ich meine, wenn man sich mal überlegt, **wer** man wäre, ohne die Rolle z.B. einer Mutter, Tochter, Ehefrau/Ehemann, Freundin usw. zu spielen...

Da doch jeder eine unterschiedliche Wahrneh-mung entsprechend seines konditionierten Pro-gramms hat, muss man sich nicht mehr zwangs-läufig verteidigen. Frei nach dem Motto: „Wenn Du mich damals so gesehen hast, dann war ich wohl so. Wenn Du mich als Kind immer so oder so gesehen hast, muss ich wohl so oder so gewe-sen sein." Keine Ahnung. Jeder sieht die Welt aus seiner eigenen Sicht. Wie mit einer Kamera, die aus verschiedenen Perspektiven aufzeichnen kann, fühlt sich die jeweilige Person mit ihrer Einstellung im Recht. Dabei kann sich die Ka-mera natürlich nicht selbst sehen oder gleichzei-tig die anderen Perspektiven.

Demnach ist jeder innerhalb seines Erlebens das scheinbare Zentrum, das nur einen Teil sieht und nie das Ganze erfassen kann. Wenn das einleuch-tet, haben immer alle, auch wenn sie getrennt wirken, nach ihren Möglichkeiten so gehandelt, was nie anders hätte sein können.

Das Gefühl geleitet zu werden, so scheint es mir, ist der eigene Weckruf nach „zu Hause." Es erinnert mich an die Brotkrumen in der Geschichte von „Hänsel und Gretel". Die Brotkrumen in der eigenen Geschichte sind wie Meilensteine, die wir uns auf den scheinbaren Weg selbst gelegt haben, um intuitiv zu erahnen, wo es lang geht. Manch einer mag vielleicht die Vorstellung haben, dass wenn ich mir so etwas nur oft genug anhöre und mich mit diesen Dingen beschäftige, quasi genug Bücher lese, CDs höre und Seminare besuche, muss es bei mir doch irgendwann „Klick" machen. Das Problem dabei ist, dass dieses „Ich" es nicht behalten kann. Und zwar aus dem Grund, da es sich als ein Ding empfindet, das Gesuchte aber kein Ding ist. Es scheint real zu sein, dass dieses „Ichenergiekonstrukt" im zarten Kindesalter geglaubt und wie ein Fels in der Brandung bestätigt wurde, da es sich ja auch so anfühlt. Man kommt auch gar nicht auf die Idee, es in Frage zu stellen. Alles genau so, wie es sein soll.

Herz und Verstand

Innerhalb dieser Geschichte wird es einfach wie der Herzschlag oder der Atem empfunden. Man kann auch nicht willentlich sein Blut fließen lassen oder dem Darm befehlen, schneller zu arbeiten. Warum wir das Leben dann in bewusst und unbewusst wieder einmal aufspalten, habe ich auch nie verstanden. Einen gebrochenen Knochen kann der Arzt richten. Zusammenwachsen wird er von ganz allein. Warum muss man die Selbstheilungskräfte „aktivieren"? Die sind doch immer aktiv! Als ob es da jemanden bedarf, der die richtigen Knöpfe drückt. Kann natürlich in der jeweiligen Geschichte so passieren, wenn es denn so sein soll.

Der Glaube versetzt bekanntlich Berge. Hier werden halt die dazugehörigen Konzepte nicht mehr als absolute Wahrheit gesehen, auch wenn sie trotzdem hin und wieder auftauchen. Keiner da, der es verstehen will. Das Spiel läuft von ganz allein. Mal Tragödie, mal Komödie. Mein Mann sagte neulich: „Schreib´ ruhig mal alles auf, was dich so beschäftigt. Das bringt dann auch eine gewisse Ordnung." Sehr lieb gemeint, aber Ordnung kann man so schön kontrollieren.

Nicht zu wissen warum, erzeugt den Eindruck vom gefühlten Chaos. Ein Fall ins Bodenlose. Wenn allerdings bemerkt wird, dass das Fallen ewig dauert und keiner irgendwo aufschlägt, ist es ein Hochgenuss, ein leises Schmunzeln im Hintergrund. Das soll natürlich nicht heißen, dass nicht auch mal ein in die Zukunft projizierter Gedanke erscheint.

Wenn beispielsweise der Gedanke auftaucht, ob ich diese Geschichte veröffentlichen soll, bzw. ob das Geschriebene jemand verlegen möchte und ob ich diesen Verleger auch finden werde, wird es schnell als Geschichte erkannt. Die Wichtigkeit, ob es funktioniert oder nicht, findet anders als früher, nicht mehr statt. Es ist einfach gleich gültig. Wenn es sein soll, wird es sein. Wenn nicht, dann nicht. Wenn der Verstand an richtiger Stelle eingesetzt wird, ist er ein wundervolles Werkzeug, ein Hammer aus bestem Stahl.

Als ich diese Zeilen handschriftlich, wo ich ging und stand, niedergeschrieben habe, hatte ich das Gefühl, als Kanal zu fungieren. Es floss einfach, teilweise schneller, als ich schreiben konnte. Auch hier bremste mein Mann mich mit den

Worten: „Du musst doch deine Geschichte gliedern und Überschriften für die einzelnen Kapitel haben. Man kann doch kein Buch an einem Stück herunterschreiben." Nein, kann man nicht? Er hatte natürlich recht. Ich meine, das ist doch meine erste verfasste Geschichte dieser Art. Ich habe doch keine Ahnung und bin deswegen verunsichert. Dann konnte allerdings beobachtet werden, wie auf einmal der Verstand kreativ wurde und schnell zur Stelle war. Nach nochmaligem Lesen tauchten dann Vorschläge für die einzelnen Kapitel auf und eine Struktur begann sich zu bilden. Wenn der Kapitän die Oberhand behält, führen die Offiziere alles zur Zufriedenheit aus und er muss sich um nichts kümmern. Es fühlt sich leicht und harmonisch an. Wenn wiederum mal Zweifel erscheinen, ist es aber auch klar, dass sie sich innerhalb der Geschichte befinden und somit nicht ausschließlich real sind. Real und irreal zugleich, wie alles andere auch. Alles erscheint doch wirklich von selbst. Das eigene Sprechen genauso wie die Körperfunktionen. Mal ganz ehrlich, ich weiß wirklich nicht, wie ein Satz endet, wenn ich ihn beginne. Oder wie sich voraussichtlich eine Unterhaltung entwickeln wird. Wenn allerdings überlegt werden muss, wie man etwas am besten äußert, findet Überlegen ganz von selbst statt. Auch hierbei ist es Gewohnheit zu glauben, dass dies ein Besitzer macht und die Kontrolle darüber hat. Kreatives Denken entspringt aus dem „Nichts." Es gibt auch genügend Beispiele, wo es nicht den Anschein hatte, dass die Dinge jahrelang erst geübt und einstudiert werden mussten, um als perfekt zu gelten. Es scheint auch hier einfach durch den jeweiligen Körper-Geist-Organismus zum Ausdruck zu kommen. Mozart, der im zarten Alter von acht Jahren seine erste Sinfonie schrieb, ist ein gutes Beispiel dafür. Bei Künstlern macht es den Anschein, dass sie sich selbst völlig vergessen und wie ein Kanal vom Leben durchflossen werden.

Noch ein Beispiel:

Wer sich mit energetischer Körperarbeit oder Therapie auskennt, weiß, dass sich der Behandler als Kanal zur Verfügung stellt. Dabei ist absichtsloses Geschehen lassen der Dreh- und Angelpunkt. Wenn der Behandler nicht die Absicht hat, etwas verändern zu wollen, oder willentlich Einfluss nehmen zu wollen, kann die universelle Energie so fließen, wie sie fließen will. Keiner da, der mit irgendwelchen Konzepten etwas erreichen will. Bei einer Ausbildung dieser Art wird gelehrt, sich zu leeren und alle Gedanken, Gefühle etc. ziehen zu lassen. Das Ich tritt zur Seite. So wird Kontakt mit der Lebensenergie des zu Behandelnden aufgenommen und durch unterschiedlichste Techniken der Energiefluss angeregt. Wobei, nach meinen Beobachtungen, in erster Linie eine tiefe, körperliche, seelische und geistig emotionale Entspannung eintreten kann. Losgelöstsein vom Alltag sozusagen. Was dabei tief nährend sein kann, hat nichts mit dem wie oder warum zu tun. Es gibt dabei kein Rezept. Im Vorfeld werden zwar Konzepte erlernt, die aber später fallengelassen werden müssen, damit intuitives Spüren passieren kann.

Ähnlich wie bei einer Meditationstechnik. Auch hier wieder „Bewegung aus dem Nichts heraus". Innerhalb dieser Geschichte, werden täglich solche ähnlichen Behandlungen durchgeführt, die auch für den Behandler tief entspannend sein können. So kann sich die in der Leere auftauchende, pulsierende Fülle im scheinbar anderen erkennen. Von Essenz zu Essenz, auch hier reine Selbstbehandlung. Keine Trennung. Ein Zustand des Seins.

Sind die Affen zu Hause?

Innerhalb dieser Geschichte wird auch beobachtet, dass sich die Gefühle scheinbar verändert haben. Wenn sie nicht als meine Gefühle wahrgenommen werden, ziehen sie als „Energie in Aktion" durch den Körper. Es wird diesem, was auch immer durchziehen will, gestattet. Wenn die Gefühle nicht mehr so persönlich empfunden werden, könnte man meinen, dass man sie nicht mehr genießen könnte oder gar eine Gefühlskälte vorherrschen würde. Tatsächlich ist das Gegenteil der Fall. Die Gefühle scheinen eine unbändige Energie zu sein, viel intensiver, kraftvoller und durchdringender als je zuvor. Wenn sie dann ohne Kommentar im Kopf durchziehen, wird es hier als reine Lebendigkeit empfunden. Wenn den jeweiligen Impulsen Raum gegeben werden kann, fühlt es sich wie Bewegungen von Wellen an, die aus dem Nichts erscheinen, sich aufbäumen und wieder verschwinden.

Womit wir wieder beim Meer sind. Der Strand gehört ja auch zwangsläufig zum Meer. Der eine oder andere kennt vielleicht die Schlussszene des Films „Planet der Affen", in der die Hauptfigur Taylor mit seiner Gefährtin Nova am Strand eines unbekannten Planeten entlang reitet und plötzlich die Überreste der New Yorker Freiheitsstatue aus dem Sand ragen sieht. Ihm wird auf einmal klar, dass er die ganze Zeit auf der Erde, eben „zu Hause", war.

Wenn klar wird, dass das Gesuchte die ganze Zeit da war bzw. nie verschwunden war, können die Affen oder auch der „Monkey-Mind" schon mal plappernd einfach da sein, und eine neue Art der Wahrnehmung, so scheint es, entsteht. Es heißt zwar „Alle Wege führen nach Rom", jedoch sind alle Wege schon in Rom. Der Weg ist (schon) das Ziel. Es braucht weder einen Weg, der irgendwohin führt, noch ein Ziel, um irgendwo anzukommen. Dennoch scheint es so zu passieren. Es ist wie es ist. Nichts Besonderes. Innerhalb dieser Geschichte fehlt einfach nichts.

Hier zu sitzen und zu schreiben ist das, was „zu Hause" ist. Verstanden habe ich natürlich nichts. Es ist nur eine Geschichte. Ein Mysterium. Nicht zu verstehen. Das Gefühl eine eigenständige Person zu sein, ist nicht falsch. Wenn, die Reise nach Innen geschieht, kann klar werden, dass innerhalb diesem „kleinen begrenzten Ich", der gesamte Ozean der wahren Natur des Selbst enthalten ist. Keine Trennung. Wenn das aus sich selbst heraus gesehen wird, braucht es nichts da es sich selbst erfüllt. Das Nichts, dass sich als alles was ist, erkennt. Das Leben innerhalb dieser Geschichte scheint so eine Art Zugabe zu sein, da nie wirklich etwas Bedrohliches passieren kann. Urlaub von der Ewigkeit, Grenzen-, Zeit- und Raumlosigkeit, erfahrbar im ganz alltäglichen Menschsein.

Was für eine Geschichte...!

Danksagung

Ich danke meiner Familie für die große

Unterstützung und ihrer Geduld, die sie

während des Entstehungsprozesses für mich

 aufgebracht haben.

Kontakt:

www.shiatsu-hariksee.de

Zeitfracht Medien GmbH
Ferdinand-Jühlke-Straße 7
99095 Erfurt, Deutschland
produktsicherheit@kolibri360.de